STARMAP
SCORPION

蠍座の君へ

Say hello to your new self !

鏡リュウジ
Ryuji Kagami

sanctuary books

あなたの心の奥底にある、
深い深い井戸。
どこまでも透明で、
きれいなきれいな水を、
たっぷりとたたえている。

蠍座の恋する力、
好きになる力は誰よりも強い。
見せかけの、言葉だけの、
通りいっぺんの「好き」じゃない。
その「好き」をどこまでも貫け。
心を揺さぶられるくらいに、
自分が壊れてしまうくらいに。

激しい嵐に巻き込まれても、
大きな波に飲み込まれても、
高い壁にぶつかっても、
恐れることはない。
蠍座にとって、
ピンチはいつも始まりのときだ。

砂漠が美しいのは、
どこかに井戸を隠しているから、
と言った不思議な少年がいた。
あなたの心のなかの井戸を掘り当てろ。
自分のなかに、深く深く潜れ。
あなたの答えは、
あなたの内側にしかない。

あなたの目は見抜いている。
表と裏、善と悪、自分と他者……
あらゆるボーダーを、
あなたなら超えてゆける。

いい人になんかならなくていい。
理解されなくてもいい。
媚びるな。
中途半端が、あなたにいちばん似合わない。

失敗してもいい。
負けてもいい。
間違ってもいい。

でも。
思いっきり、失敗しろ。
思いっきり、負けろ。
思いっきり、間違えろ。

思いっきり。
本気で。
その向こうに、
新しいあなたが待っている。

蠍座の、恋する力は、
誰よりも強く、誰よりも深い。
通り一遍の「好き」じゃ、
蠍座の心は満たされない。
もっと深い、本気の「好き」を求めている。
深く愛せるもの、
没頭できるもの、本気になれるもの。
それに出会うことさえできれば、
蠍座が恐れるものは何もない。
どんな障害があっても大胆に挑み、
どこまでも、突き進んでゆける。
「好き」の力が、
あなたにボーダーを超えさせてくれる。
蠍座のあなたが、
ボーダーを越え、新しい自分に出会うための
31のメッセージを贈ります。

蠍座のあなたが、

もっと自由に

もっと自分らしく生きるために。

STARMAP
SCORPION

CONTENTS

STARMAP
SCORPION

やりたいことは何か？
やる気を出すには？

【夢／目標／やる気】

あなたの夢は何か？
やりたいことが見つからないときは？
あなたの心を震わせるものは何か？
蠍座のあなたが、
向かうべき方向はどこだ。

♏

STARMAP
SCORPION

1

自分を投げ出せるくらいの、深い「好き」に出会おう

蠍座のシンボルは英雄オリオンを刺し殺した蠍。そのせいか、蠍座はよく「毒をもった危険な存在」「暗い情念を抱え込んだ星座」などと語られる。
でも、実はそれらはすべて浅薄な解釈、勘違いにすぎない。神話の中で英雄オリオンは自我や自意識の象徴であり、それを刺し殺す蠍座の存在は肥大化した自意識を一度壊し、もっと大きな世界と一体になろうとする意志を示している。そう。蠍座の一番の特徴は何かのために自分の殻を破り、自分を投げ出して、前に進もうとする力なんだ。
だから、仕事でも趣味でも恋愛でも、あなたが本気になったら、すべてを打ち捨ててそこにかけることができる。ものすごい集中力であっという間に専門家も顔負けの知識を身につけ、とてつもなく強いパワーで対象と深いきずなを築き、誰も到達できないような高みにかけあがることができる。
ただ、あなたは生半可な感情では動かない。心を揺さぶられるようなものに出会わないと、本気にはなれない。
だから、通り一遍の「興味」「好き」じゃなくて、もっと深いところにある欲望を見つけよう。何かに興味をもったら、どこに魅かれたのか、ひたすら自分をつきつめてみる。その分野で一番すぐれているもの、本物に会いにいく。見たり聞いたりするだけじゃなく、実際に自分の体を使って体験してみる。そうやって、自分の魂の奥深い部分を刺激することを繰り返していけば、必ずあなたが本気になれるものが見つかるはずだ。
そして、その本気になれるものに向き合い始めたときから、あなたは新しい自分に生まれ変わるだろう。

STARMAP
SCORPION

2

無意識からの声に
耳を澄まそう

蠍座には一種霊的ともいえるような不思議な直感をもっている人が多い。それは、蠍座の守護星が冥王星であることと無関係ではないだろう。冥王星はギリシア神話では、目に見えない隠された世界を支配する神・ハデス。心理学的には、ユングが探求したような心の奥底にある無意識を表している。冥王星の影響で蠍座はもともと無意識への感受性がとても高いのだ。人が隠したがっているような感情を察知することもできるし、自分自身が意識せずに眠らせている思いを感じ取ることができる。

だから、あなたがやるべきことを探すときも、理屈や外からの情報に左右される必要はまったくない。自分の内部にある無意識の声、わかりやすくいえば「ピンときた！」というような直感に従うだけでいい。

そうすれば、絶対に道を間違えたりしないし、本当にあなたらしくいられる場所、あなたのよさを発揮できるものに出会うことができる。そして、いつか経験したことのないような充実した未来を手にすることができるはずだ。

もし、最近、そういった直感、インスピレーションが感じられないとしたら、あなたの周りにノイズがいっぱいあって、それにかき消されているのかもしれない。多忙で煩雑な生活の中で大事な感性が埋没してしまっているのかもしれない。

そういうときは、日常からとおざかってみたらどうだろう。たとえば、知らない街を旅してみる。ヨガや瞑想、ランニングをするのもいいかもしれない。

とにかく自分の感受性を研ぎすまし、インスピレーションを感知しやすい状態にもっていくこと。自分の内なる声が聞こえたら、あなたはもう成功したのと同じなのだから。

STARMAP
SCORPION

3

ピンチのときにこそ、
やりたいことが見えてくる

蠍座は粘り強いとよくいわれる。でも、それはたんにがんばり屋だとか、ぎりぎりまであきらめないというだけじゃない。
蠍座はピンチにおちいったときこそ、前向きになって、新しい一歩を踏み出すことができる。行き詰まったときこそ、これまでにない力がわいてきて新しい可能性を手に入れることができる。
たとえば、仕事に失敗をして、それを挽回しようとしたことで大きなプロジェクトを成功させることができたり。会社を辞めなきゃいけない状況においこまれて、ほんとうに自分がやりたいことがわかったり。長くつきあっていた人にふられて、今までにないような新しい恋にめぐりあえたり。体調をこわしたことがきっかけで、自分の身体に関心をもちはじめ、美しい肉体をつくりあげることができたり。そう。あなたにとってピンチは、最大のチャンスにかわっていくのだ。
だから、悪いことがおきたときや苦しい状況におちいったときは、そのまわりに新しい自分への入り口がないか、目をこらしてみよう。
やる気がおきないときは、わざと自分を危機に追い込んでみるのも一つの方法かもしれない。仕事に満足できないときはそれをやめて何もない状態をつくってみる。恋人とうまくいっていないときはきっぱり別れて一度孤独になってみる。
追い込まれてシンプルな状態に身を置けば、自分がほんとうに何を求めているかが見えてきて、未来への一歩を踏み出せるはずだ。

STARMAP
SCORPION

4

欠けているピースを探そう

何をやろうとしても自信がもてない。不安が先に立ってしまう。蠍座でそんなネガティブな思考をもつ人は、過去に自分の存在を否定されるような体験や、何か満たされなかったことを引きずっている場合が多い。でも問題はそうしたトラウマがあること自体じゃない。自分でそれを見ないように封印してしまっていること。正体不明の不安を抱え、前に進めなくなってしまう。

もしあなたがネガティブ思考から抜け出せないでいるなら、心の中にある闇の部分を直視してみよう。満たされない何かがあるなら、欠けているピースを探す旅に出よう。親との関係、いじめられた体験、友達との別れ、自分を傷つけた大人の一言……。自分を臆病にしている過去に正面から対峙してみる。

もちろん、だからといってすぐに心に光が射すことはないかもしれない。でも、闇を正面からとらえて意識をすれば、それが自分のすべてを覆っているわけではなく、ごく一部にすぎないことがわかってくる。すべてに不安を感じる必要はなくて、その部分を抱えたまま前に進んでいいということに気がつく。たとえば、過去のいじめが原因で自分をアピールすることに恐怖を感じているとわかったら、しばらくはまわりに知られないように夢をあたためておこうと考えることができる。

逆に、欠けたピースが見つかったら、それを埋めることを人生の目標にしたっていい。小さい頃、父親に愛されなかったせいで男性に父親的なものを求めているなら、開き直って理想の父親のような恋人を探すことで、過去のバランスの悪い恋愛を乗り越えることができるかもしれない。

闇や欠落を恐れる必要はない。前を向くことさえできれば、それは逆にあなたに人間的な深みさえ与えてくれるだろう。

STARMAP
SCORPION

5

ギリギリまで味わい尽くす

蠍座のあなたは、自分の目標や夢が見つかったら、とにかくとことんやってみることが大事。
いくら好きなことでも、始めてみたらうまくいかなくて壁にぶつかることもあるだろう。周りがどんどん進んで自分だけが取り残されていると感じることもあるかもしれない。
でも、そんなことは気にしなくていい。人の評価や時代の変化も関係ない。目標を達成するまでぶれずにひとつのことを続けていこう。
仕事だったら会社からクビを言いわたされるまで。お店をやるならお客さんが最後のひとりになるまで。趣味でも同じこと。旅行が好きなら、いきたいと思える場所を全部、マンガが好きなら読む本がなくなるまで。
そうしたら、いつのまにかまわりの景色も変わってくる。あなたがやろうとしていることの理解者が少しずつ増えて、時代を超えた存在として評価を得るようになるだろう。
もし、とことんまでやって、それでもダメだったら?
それでも大丈夫。ぎりぎりまでやり尽せば、味わい尽くせば、悔いなく次に移っていくことができる。そして新たなフィールドで頭をきりかえて、今度は成功することができる。
いったんやると決めたら中途半端ですまさない誠実さは、ほかの星座にはない蠍座の特徴。そのいいところを発揮して、幸せをつかもう。成功するまで続ければ、絶対に失敗することなんてないのだから。

STARMAP
SCORPION
WORDS

ひとつの手が
私のもうひとつの手を
とても強く求めているの

ビョーク　ミュージシャン
1965/11/21 生まれ

「ビョークの世界」（イアン・ギティンズ著、中山啓子訳）より

♏

STARMAP
SCORPION

WORDS

私はいつも
自分のできない
ことをしている。
そうすればできる
ようになるからだ。

パブロ・ピカソ　画家
1881/10/25 生まれ

STARMAP
SCORPION

あなたがもっとも輝くときは?

【仕事／役割／長所】

あなたに備えられた才能はなんだろうか？
あなたがもっとも力を発揮できるのはどんな場所？
あなたが世界に対して果たす役割は何か？
蠍座のあなたが、もっとも輝くために。

STARMAP
SCORPION

6

恋するように仕事しよう

本気で恋をすると、自分を投げ出してすべてを捧げてしまうくらいに没頭できる蠍座のあなた。恋をしているときは意識していなくてもそうなるのだが、それ以外のことになると無意識にバランスをとろうとしてどうしてもストップをかけてしまう。
でも、あなたは本当は何にでも夢中になれるし、そうやって夢中になることが蠍座の生きている証。
だから、そのエネルギーを仕事にも発揮してゆこう。
仕事に対しても、他のことなんて目に入らないくらい没頭してみる。リミッターを外し、すべてを捧げて一体化することで、ただ淡々と仕事をこなすだけでは得られないエクスタシーやカタルシス、陶酔感が得られる。
仕事でこういった感情を得られる人はそう多くない。
もし仕事そのものに対してそこまでの感情が抱けないなら、会社の理念や会社自体に恋してもいいし、上司や部下に対して恋する気持ちで臨めばいい。
恋をする気持ちといっても、何も本当に上司や部下と恋愛したり、肉体関係をもつということではない。むしろ、本当に恋愛に発展してしまったらそっちに気持ちが行ってしまって仕事に身が入らなくなってしまうこともあるかもしれない。
そうではなくて、恋するように自分を投げ出して、本気で仕事と向き合う。そうすれば、そこに小さな共同体ができてまるで磁石に吸い寄せられるように人々が集まってくる。
こんなふうに没頭していくことが、あなたを成功に導くカギだ。

STARMAP
SCORPION

7

替えのきかない
スペシャリストになろう

蠍座のあなたは、好きなことや興味のあるものに対してはものすごく熱中してのめりこむけど、興味のないことや嫌いなことに関してはやる気がまったく出ない。
不器用なところがあるので、目の前の１つのことに集中してしまうと、そのほかのことは意識の外にいってしまう。
仕事に熱中すれば一生懸命自分の仕事をするけど、会社組織全体のことやサラリーマンとしてのバランスには関心がない。だから、周囲からも偏っているとかバランスが悪いと言われることがあるだろう。
でも、それでいい。
むしろ、もっともっと偏っていって専門領域を深め、替えのきかないスペシャリストを目指そう。
料理が得意なら、それに関係する資格を取って極めていくのもいい。経理の仕事ならほかの人にはできないようなあなただけの緻密さで経理試算をする。本や服など、あなたがこだわっているものがあるなら、そのお店で販売員になったりネットで商品を紹介してみる。そうすれば、あなたならではの視点で選んだものが話題になるかもしれない。
本気になれば、あなたはどんな分野の専門家にもなれるのだ。
バランスのとれたジェネラリストならいくらでも替えがきく。
あなたが目指すべきはそんなジェネラリストではなく、オンリーワンのスペシャリストだ。

STARMAP
SCORPION

8

プレゼン力を鍛えよう

自分のこだわりを最優先しているあなたは、自分の大切なものや好きなものに100％のエネルギーを注いでいる。そんなとき、あなたは他人のことなんて関係ないと思っているかもしれない。
でも、本当は相手の気持ちや相手が求めているもの。そのときどきで変化する相手の気持ちを読み取る力が、あなたにはある。
だから、周りから批判されてもあなたがこだわっているもの自体や提案したい企画を変える必要はない。
TPOや相手のクラスタによって、打ち出し方を変えていこう。
優れた洞察力や推理力を持つあなたにとって、うまく立ち回りながら相手に取り入ることなんて難しいことではない。
金銭面で問題がある企画なら、お金をかけない仕組みを考えて提案する。
あなたが提案した企画に対してまったく興味を持ってくれていない相手にプレゼンするなら、相手が興味のあることとの関係性を見出してみる。
こんなことを言われると、自分では「口下手だし、そんなことない……」と思うかもしれない。
しかし、プレゼン力＝口の巧さというわけじゃない。大事なのは、受け手の気持ちをくみ取り、いかに聴いてもらうかだ。
ピカソ、糸井重里……。蠍座の星のもとに生まれた彼らは、みんなプレゼンの名手だ。
あなたにも、彼らと同じようにプレゼン力を発揮して輝ける可能性が秘められている。

STARMAP
SCORPION

9

趣味を趣味で終わらせるな

身体から沸き起こる本能の世界と深いところで繋がっている蠍座。それは、守護星が冥王星にあるから。
自分の中に決してぐらつかない芯のようなものがあるあなたは、自分の本能的な欲求に忠実で、自分の価値観や好きなこと、自分の思いに没頭していく。
他人の評価なんて関係ない。自分にとって大切だと思うことができれば、それだけでがんばれる。
ただ、仕事のなかで自己実現ができないときは、どうしても仕事は仕事と割り切って、完全に趣味の世界に没頭してしまう。
たしかに、それはそれでいいこと。
でも、趣味の回路と仕事の回路をすっぱり断ち切ってしまうのはもったいない。
手芸などの細かい作業が好きなら仕事で試作品をつくるときに役立つかもしれないし、歴史が好きなら地域おこしの企画を立てられることもあるだろう。
あなたはたとえ趣味でも本気で勉強して極めていこうとするタイプだから、どんどんいろんなことを吸収していける。
完全に趣味と仕事を割り切ってしまうと、せっかく得た能力が趣味の世界でしか活かせないのだ。
だから、あなたの趣味を仕事や生活にもつなげていこう。
今すぐ仕事になることはないかもしれないが、将来店を出したり、起業したり、独立したりするとき、趣味で培ったものがきっと役に立つ。
仕事と趣味をつなぐパイプだけは常に持ち続けることで、可能性は無限に広がる。

STARMAP
SCORPION

10

いつかに備えて
観察しておく

仕事にやる気が出ない。趣味やその他のことに関しても、心の奥から湧き上がる“やりたい”という気持ちがない。
そんなとき、何かやらないとと焦って闇雲に動き出そうとする人もいるかもしれない。
でも、蠍座のあなたはただひたすら今いる場所でじっと観察していればいい。
砂に潜った蠍が獲物を待つように、じっと観察するその時間は必ず将来に生きてくる。
直感だけじゃなく直観もあるあなたは、じっと観察しているだけでいろいろなことが見えてくる。
だから、その状況や相手をただ見ていればいいのだ。
そして、そうやって観察しながら「自分だったらどうするか」をシミュレーションしてみよう。
自分が第一線を外されていたとしてもかまわない。
仕事でミスをして上司に叱られている部下がいたら、その上司と部下の性格やどんなタイプの人間かを観察してみる。そして、なんで部下はミスしてしまったのか。その人と同じようなタイプの部下には、どう対応したらいいのか。何かトラブルが起きていたら、自分ならどう対処するか。そんなふうに、観察し、シミュレートする。
そうやって蓄えたあなたの力は、いつかトラブルが起きたときや本当に大変な状況になったとき、きっと必要とされるときが来る。
あなたの出番は、必ず来る。

STARMAP
SCORPION
WORDS

わたしが科学に多くの時間を
ささげてきたのは、
そうしたかったから、
研究が好きだったからです

マリー・キュリー　物理学者
1867/11/7 生まれ

「キュリー夫人伝」（エーヴ・キュリー著、河野万里子訳）より

サンクチュアリ出版＝本を読まない人のための出版社

はじめまして。
サンクチュアリ出版 広報部の岩田です。
「本を読まない人のための出版社」…って、なんだソレ！って思いました？ ありがとうございます。
今から少しだけ自己紹介をさせて下さい。

今、本屋さんに行かない人たちが増えています。
ゲームにアニメ、LINEにfacebook…。
本屋さんに行かなくても、楽しめることはいっぱいあります。

でも、私たちは
「本には人生を変えてしまうほどのすごい力がある。」
そう信じています。

ふと立ち寄った本屋さんで運命の1冊に出会ってしまった時。
衝撃だとか感動だとか、そんな言葉じゃとても表現しきれない程、泣き出しそうな、叫び出しそうな、とんでもない喜びがあります。

この感覚を、ふだん本を読まない人にも
読む楽しさを忘れちゃった人にもいっぱい
味わって欲しい。
だから、私たちは他の出版社がやらない
自分たちだけのやり方で、時間と手間と
愛情をたくさん掛けながら、本を読む
ことの楽しさを伝えていけたらいいなと思っています。

♏
STARMAP
SCORPION
WORDS

誰でも、
「じぶんがほんとにいいと
思ってるものごと」
について語るときって、
絶対にかっこいいです。

糸井重里　コピーライター
1948/11/10 生まれ

「ボールのようなことば。」より

STARMAP
SCORPION

何をどう選ぶか?

【決断／選択】

人生は選択の連続だ。
今のあなたは、過去のあなたの選択の結果であり、
今のあなたの選択が、未来のあなたを作る。
蠍座のあなたは、何を選ぶのか。
どう決断するのか。

STARMAP
SCORPION

11

好きなところは
ひとつでいい

ほとんどの人は何かを選ぶとき、好きなところや嫌いなところ、メリット、デメリットを考慮して、総合的に見てメリットがより多い方を選ぶだろう。
だけど、あなたの選択基準はそんなものじゃない。
たとえ99%デメリットだらけだったとしても、たった1つ好きになれる部分があれば、それでいい。あなたはそれにすべてを捧げてとことん惚れこんでゆけるし、それがあれば他のどんなデメリットもひっくるめて背負い、我慢することができる。
まわりから見ると、偏っているとかそんな選び方ではダメだなんて言われることもあるかもしれない。
でも、実は客観的に見てもあなたのその選び方は正しい。
総合的に見てすぐれているとか、どちらかというと好印象といった評価は、時間の流れとともにだんだん風化していく。そのときはなんとなくよく見えていたものも、いつの間にか魅力がわからなくなったり、平凡で陳腐なものに感じられるようになってしまう。
だけど、たった1つでも絶対的に揺るがない。すべてのデメリットを帳消しにしてしまえるほどの良さがあれば、時間の経過なんて関係ない。
アーティストやコンテンツ、どんなものでもたった1つ強力な武器があるものが最終的に生き残る。
あなたには、先天的にそういったものを見抜く力がある。
だからデメリットだらけに見えても、あなたが1つでもすごくいいと思えるところがあれば、迷わず自信をもってそれを選べばいい。

STARMAP
SCORPION

12

考えるための余白をつくる

自分にとって本当に大切なことや神聖なことは、胸の奥底に秘めておきたい。冥王星のもとに生まれた蠍座のあなたには、常にそんな気持ちがある。
それに、自分の意志で障害を突破し、人生を切り拓いてゆくあなただから、物事を決めるときも自分の内側の奥深いところで導き出した答えに従って選択しなければ、納得できない。
分析能力はあるので、情報をいくら取り入れてもそれで混乱することはない。でも、あなたが何かを決めるときに大切なのは自分の内側の深いところに潜り込んでいって、その声を聴くこと。
だから、そのために自分だけの真っ白な時間をつくることが必要だ。
すべての情報をいったん捨てて部屋にいるときもネットやTV、音楽を消し、ただひたすら自分の心と向き合う。携帯の電波が入らない田舎に行ったり、3日間ぐらいすべての連絡を断ってみる。なるべく即答は避けて、考える時間をたっぷりとってから、答えを出そう。
自分の内側に問いかけて答えを出さない限り、あなたのなかにはいつまでも「本当にこれでよかったのか……」という迷いや後悔が残る。
そうした迷いや後悔を残さないために、自分の心の奥深くにある声に耳を傾けよう。
必ず、納得のいく答えへと導いてくれる。

♏

STARMAP
SCORPION

13

あきらめた場所に
もう一度戻ってくる

一度手放したものでも、蠍座のあなたのなかにはどこか無意識に残っているものがある。後ろ髪引かれるような、心の奥に引っかかって取れない小骨のようなものが。
ほとんどの人は、一度あきらめて捨てたものには見向きもしないし、それを見て刺激を受けたり、エネルギーが湧いてくるなんてこともない。
でも、蠍座はちがう。
一度あきらめたものに対しても、どこかしら“執着”のようなものが残っているのだ。
自分が自信をもってプレゼンした企画だけど、周囲の反対で実現できなかったもの。学生時代に思い描いていたけど、金銭面やいろんな問題で断念した留学の夢。趣味で始めたけど、時間がなくてやめてしまったジム通い。仲良くなりたい、話したいと思っていたけど、結局話せずじまいで別れてしまったクラスメイトや同僚。
あきらめて手放したあとでも、かつて好きだった思いやそれを選んだときの気持ち。そういったものが、あなたのなかに蘇ってくることがある。
だから、蠍座のあなたにとっては、あきらめた場所にもう一度立ってみることが大切。
一度時間をおいてからあきらめた場所へ戻ってみると、それまで見えていなかった新しい角度や新しい使い方。新しいアイデアが思い浮かぶ。
かつてあきらめて手放した場所にもう一度戻り、捨てた選択肢を手にとってみる。
そうすれば、新たに見えてくるものがあるはず。

♏

STARMAP
SCORPION

14

裏の答えを探して、
本当の自分に気づく

自分のなかにある「好き」という感情。何かを選ぶときは、それに頼るのがいちばんいい。
でも、表面的な「好き」を選んでいても、本当の好きにはたどり着けない。真の「好き」を知るためには、その裏側にある本当の欲望を探る必要がある。
カフェが好きだとしたら、「オシャレ」「コーヒーが好き」いろいろ理由があるだろうが、本当はカフェで働く草食系男子が好きなのかもしれない。また、カフェも居酒屋も好きだけど、バーは苦手だとしたら、そこに何かがあるはず。たとえば、あなたはフラットに人が集える場所に惹かれているのかもしれない。
こんなふうに、欲望の裏にあるものを探ってゆこう。
また、自分のことをSだと思っているなら、Mになる状況をつくってみる。表と裏、光と影。振幅するものの反対側を選べば、そこに答えがある。自分はSだと思っている人も、仕事で厳しくS的にふるまっているだけで、恋愛や家ではMかもしれない。あるいは、Mな自分を隠すために外ではSとしてふるまっているかもしれない。
そして、自分のいちばん嫌いなものや嫌悪しているものを見つめてみるのもいい。嫌悪感の正体を探ることで、自分の本当の気持ちが見えてくることもある。お金を嫌悪するのは、お金に溺れる自分が目に浮かぶからかもしれないし、浮気が許せないのは、いろんな人と関係をもちたいという欲求が自分にもあるからかもしれない。
本当の「好き」を知りたいなら、真実が隠されている裏の答えを探ろう。

STARMAP
SCORPION

15

今日や明日の正解
じゃなくていい

あなたが何かを選んだとき、「なんでそんなものを選んだんだ」とか「絶対損する」、「幸せになれないんじゃないか」と、周囲の人から言われることがあるかもしれない。
でも、そんな雑音は気にしなくていい。
目に見えているものではなく、深いところで答えを探す。
そんな蠍座だから、実利的なリターンや表面的に見えているメリットデメリットには左右されない。
自分の価値観や自分の思いにフィットするかどうか。それが何よりもいちばん大事。
もしかしたら、あなたの選ぶ答えは今日や明日の正解ではないかもしれない。
あなたが求めるのは、5年後、10年後、あるいは、そういった時間軸を超えた真理なのかもしれない。
でも、たとえ明日不正解のような結果を出したとしても、あなたは後悔なんてしない。
もっと言えば、何も選ばなくてもいいかもしれない。すごく大きな流れに身を任せて、すべてを受け入れてしまう。あなたが、流れに身を任せるという決断をしたときは、絶対にいいところに流れてゆく。そのときは、その流れに沿えばいい。
誰にも理解されなくていい。その思いがすぐに報われなくてもかまわない。
あなたが選んだものは時を超え、永遠へとたどり着くはず。

STARMAP
SCORPION
WORDS

人間というものは
なにか欲する場合に、
本当に自分が
欲しているのかどうかを、
また欲するものについて
のすべてを、
知っていることは
めったにない。

ピーター・ドラッカー　経営学者
1909/11/19 生まれ

「ドラッカー経営哲学」（日本事務能率協会編）より

STARMAP
SCORPION

WORDS

信じない人間が、
どうして勝つことができるか。
信じていたって、
トレーニングをしたって、
勝つかどうかはわからん。
しかし、われわれは、
信じるほかに道はないんだ。

花森安治　「暮らしの手帖」創刊編集長
1911/10/25 生まれ

「花森安治の仕事」（酒井寛）より

STARMAP
SCORPION

壁にぶつかったとき、落ち込んだとき。

【試練／ピンチ】

あなたの力が本当に試されるのはいつか？
失敗したとき、壁にぶつかったとき、
落ち込んだとき……。
でも、大丈夫。
あなたは、あなたのやり方で、
ピンチを脱出できる。

STARMAP
SCORPION

16

あなたはピンチに強い

傷つきやすく、デリケートだと言われることの多い蠍座。
たしかに、ちょっとしたことに、心が揺れ動くこともあるかもしれない。でもそれは、痛みや挫折、ピンチや失敗に弱いということではない。
人知れず涙を流しながらその状況に耐えられる我慢強さがあるし、むしろそれを糧に成長することができる。
追いつめられて選択肢がなくなった結果、本当にやりたいことが見えた。大きな失敗をしてみんなに見放されたからこそ、エネルギーが湧いてきた。大失恋したからこそ、人の痛みを知ってやさしくなれた。
こんなふうに、あなたはマイナスをプラスに変換するエネルギーを内に秘めている。
だから、自分が傷ついたときや追いつめられたときでも決してうろたえたりしないし、そんな状況の中でも自分の気持ちを表に出さず、冷静さを保とうとするセルフコントロール力がある。本当は心のなかで傷ついているのに自分を外にさらけ出すことを好まないあなたは、傷も痛みもすべて心のなかで受け止める。
そんなあなたの姿が周りに安心感を与えるので、みんなもあなたを頼りにして集まってくるのだ。
冷静に対処するあなたの姿を間近で見れば、ますますあなたの評価は高くなるはず。
自分自身が成長するだけじゃなく、周囲からの評価も高まるので、いろんな意味であなたにとってピンチはチャンスに変わる。
ここぞというときにこそ、あなたは自分でも驚くべき力を発揮する。

STARMAP
SCORPION

17

失敗でもいいから
決着をつけよう

人生に、失敗や負けはつきもの。しかし、できるならその失敗や負けを避けて通りたい人がほとんどだろう。
何かやっていて、途中で100%失敗するとわかるとき、勝負の途中で負けが見えるときがあるが、ほとんどの人はそこであきらめて投げ出してしまう。自分が傷つくのを恐れ、自ら不戦敗の道を選んでしまう。
でも、蠍座のあなたは不戦敗だけは絶対にしないほうがいい。
蠍座は粘り強いタイプだから、不戦敗を選んでしまうとなかなか頭を切り替えることができず、次の段階に進めなくなる。新しいことを始めてみても、それすら中途半端になってしまう。
だから、たとえ結末がどうなろうと、負けが見えていて、100%失敗することが確実でも、最後の最後まで、きちんと結論が出るまでやり遂げよう。どうしてもやりたかったプロジェクトなら、途中で失敗しそうだと思っても中止しないで、失敗やダメな部分を思いっきり実感してみる。スポーツだって圧倒的大差で負けていても、最下位とわかっても最後までベストを尽くす。脈がなさそうな相手でも、そこであきらめるのではなくちゃんと告白して失恋する。
あなたは「完全に負け」「やってみたけど失敗した」という完全な結論が出て、はじめて次に進める。
失敗を恐れる必要はない。もうダメだと思っても、行くところまで行って決着をつけてしまえ。

STARMAP
SCORPION

18

スルー力を身につけよう

水の星座である蠍座は、人の心の動きに対してとても敏感。それはネガティブな感情についても同じで、すごくイヤなことがあったり、壁にぶつかると、それにとらわれてしまう。そもそも危機に強い蠍座は、放り出すことはせず、なんでも真正面から受け止めてしまうので、余計に負のスパイラルに陥ってしまいがち。
でも、いくら粘り強くても解決できないことはある。だから、何かイヤなことがあったら、スルーしてしまおう。
すごくイヤな上司の言うことも、すごくイヤな仕事も、全部右から左に流してしまえばいい。自分にとって負担になるような仕事や壁になる仕事にはかかわらず、見ないふり。仕事でもやりたいこと、やれると思うこと、興味のあることだけやればいい。
そんなこと、責任があるし、難しいと思うかもしれない。
でも、蠍座にはそれができる。
夢中になれるものを見つけたら、それ以外のものは頭からすっとんでしまうあなただから、自分にとってヘビーなこと、壁があってもそのことを考えるのではなく、すごくやりたいことを見出し、それに集中していけばいい。
イヤなことをスルーしていると、自分勝手とかバランスが悪い、逃げていると人から思われるのでは……と不安になるかもしれないが、そのぶん自分の得意分野で力を発揮してゆけば必ず認められる。
放っておいた問題やスルーしていたことも、好きなことに集中しているうちに時間が解決してくれたり、新たな解決方法が思い浮かぶかもしれない。

STARMAP
SCORPION

19

想像のなかで復讐しよう

どんなにスルーしようとしても、大きな壁やわだかまりが頭の中に住みついてしまって解決法もわからず、どうすればいいのかわからない。
一度とらわれてしまったマイナスの感情が、どうしても頭から離れない。そんな状況になったら、感情は知らず知らずのうちに行動まで左右し始めて悪いパターンに陥ってしまう。行き過ぎると、ストーキングや陰湿な復讐、破壊衝動に結びついてしまう可能性もあるので、注意しなければならない。
だから、そうならないためにも頭の中で徹底的に行くところまで行ってみよう。現実的には解決法がわからなくても、想像のなかでならできることもある。想像のなかでマイナス部分に深く入り込んでゆくことで解消する。
たとえば、もしも自分を裏切った人が許せないなら、心の中でその人に復讐してしまう。自分がやりたいと思っていること。やろうとしていることに立ちはだかる大きな問題があるなら、今の自分にはできないことでもいいのでその壁を崩すための具体的な方法を想像してみる。
中途半端な想像のままだと、現実世界にも中途半端に反映されてしまう。頭の中で追体験できるくらい徹底的に突き詰めた完璧な想像をするのだ。そうすれば自分の中で感情が整理され、頭の中で乗り越えた体験ができる。
変容の星のもとに生まれたあなただから、何度でも生まれ変われる。想像の中でマイナスの感情を一度昇華させることで、あなたはそれまでの自分から新たな自分へと変わってゆける。

STARMAP
SCORPION

20

マイナスな気持ちを消す必要はない

きちんと最後まで決着をつけたり、スルーしたり、想像の中で解消したり。落ち込んだときにあなたが復活する方法はいろいろある。
だから、どうにかして自分を持ち直すことはできるはず。
でも、本当のところはきちんと落ち込みを解消できたわけではないかもしれない。
あなたの失望や落胆、裏切られた思いは、きっと消えてなくなることはない。
もともと、深いところで自分の感情を抱えることができるあなた。
忘れたつもりでいても、思い出したかのように顔を出してはあなたの心を揺さぶるだろう。
だけど、それでいい。
人が人である限り、心のなかに悲しみや憎しみ、恨みや妬みといった負の感情があるのは当然のこと。
そういった感情があるからこそ、あなたがあなたらしくいられるということもある。
だから、そんな痛みも全部含めて心の奥底にしまっておこう。
そうすれば、いつかその痛みは養分へと変わり、あなたの成長の糧ややさしさの源になる。
きっとその養分が肥やしとなり、あなたのなかに新しい、美しい花が咲く。

STARMAP
SCORPION
WORDS

千人の苦しみは、
一人の苦しみより、
大きな苦しみでしょうか？

ミヒャエル・エンデ　作家
1929/11/12 生まれ

「M・エンデが読んだ本」（丘沢静也訳）より

STARMAP
SCORPION
WORDS

明日は明日の風が吹く。

マーガレット・ミッチェル　作家
1900/11/8 生まれ

「風と共に去りぬ」（菊田一夫訳）より

STARMAP
SCORPION

あなたが愛すべき人、あなたを愛してくれる人は誰か?

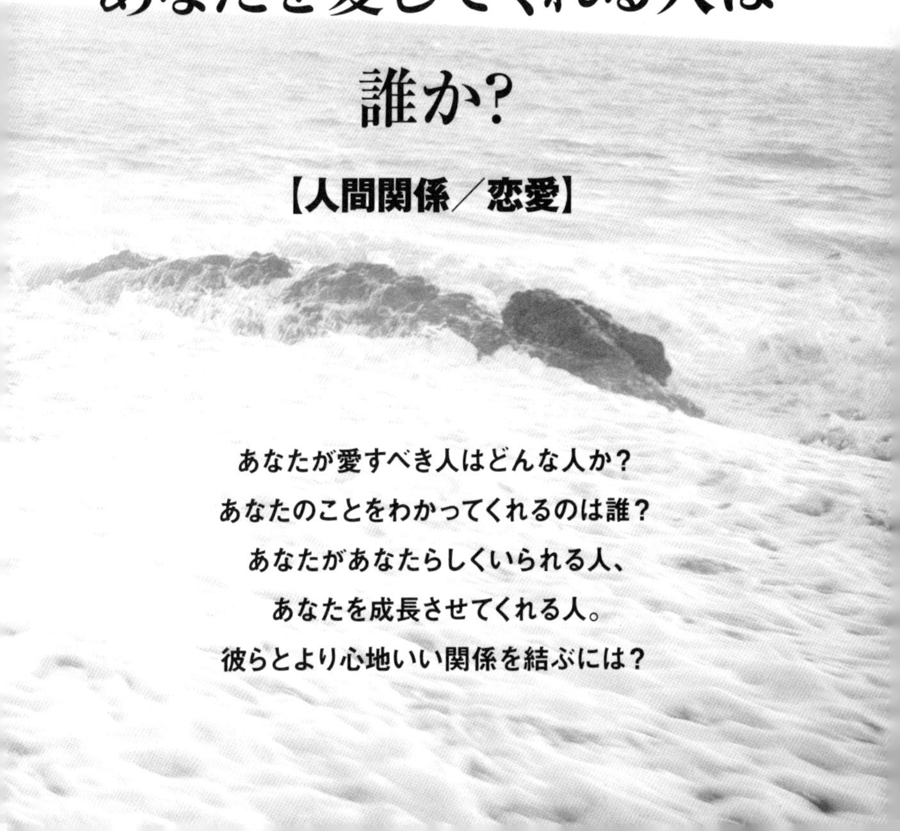

【人間関係／恋愛】

あなたが愛すべき人はどんな人か？
あなたのことをわかってくれるのは誰？
あなたがあなたらしくいられる人、
あなたを成長させてくれる人。
彼らとより心地いい関係を結ぶには？

STARMAP
SCORPION

21

一歩踏み込む勇気を

自分の肉体や自我の領域を解放し、相手と深いところで一体化する。すべてを理解し受け入れてもらう。あるいは、逆に相手のすべてを受け入れることを強く望んでいるあなた。
でもその一方で、相手と深い関係になることを恐れているところがある。
それは、裏切られたときのダメージや恐怖が大きくなるから。
ちょっと興味がある。素敵だなと思える人がいても、なかなか相手に近づけない。
これは心理学でいう「ヤマアラシのジレンマ」。2匹のヤマアラシは互いに仲良くなりたいと思い、触れ合うくらいに近づくが、近づけば近づくほど互いの針で傷つけ合う。あなたも傷つけ合うことを恐れ、一定の距離から踏み込むことができなくなる。
けれど、やっぱり心のどこかでは相手と一体化することを求めてしまう。いろんな人と距離をとろうとしているから、そのなかで偶然接近できた相手にはそのぶん依存度も高くなり、傷つけ合うことになる。その経験が、トラウマとして残っているのかもしれない。
だから特定の相手だけでなく、普段からいろんな人と深く繋がれるような関係をつくろう。なんとなく興味があるという人が10人いるなら、10人とまんべんなくメールをしたり、食事に誘ったりして踏み込む頻度を上げていく。
そうすれば踏み込んだぶんだけ豊かになれるし、特定の人との依存した関係にはならない。
欠けたものを補うような関係ではなく、本当の意味で深い関係を築ける。自分が興味を持った相手なら、恐れずに一歩踏み込んでみよう。

STARMAP
SCORPION

22

相手にとって、
必要な人になる

あなたの人に対するエネルギーには、目を見張るものがある。
人と一体化したい。深い関係を築きたいというエネルギーは、ときとして支配欲や強烈な嫉妬心に結びつくこともあるだろう。
でもそれは、本当に深いところで相手を捕まえたいと思っているから。
それならば、その莫大なエネルギーを外ではなく、自分に向けていこう。
空高く羽ばたく鷲に例えられることもある蠍座は、相手に対する洞察力も高い。だから相手が求めていることを見抜き、必要としていることを先回りしてやることができる。
仕事で忙しそうな人がいるなら、必要なデータをあらかじめまとめておいて渡してあげる。好きな人が健康を気にするタイプなら、その志向に合わせた料理を覚えて作ってあげる。
そうやって、相手が自分を必要としてくれるように行動することで、相手の人生や仕事、生活のなかで、あなたはかけがえのない存在になってゆく。これができれば、あなたも自信が出て、いたずらに嫉妬したり、感情をぶつけたりすることはなくなる。
余裕をもって、相手といい関係を築くことができるだろう。
蠍座は、相手と一体化するために自分を明け渡すことのできる星座。
それは自分をなくすということではなく、相手のために生きることでその中に自分を見出すということ。
相手に必要とされて本当の意味で誰かと深く繋がったとき、あなたの心ははじめて幸せで満たされるだろう。

♏
STARMAP
SCORPION

23

あなたが愛すべき人

蠍座のあなたは、誰かと本当の意味で打ち解けるのに、じっくり時間をかける。
あなたには誰にでもは入ってほしくない領域があるし、だからこそ、あなたは人のそういう領域も大事にする。
そういう繊細さを大事にする人となら、お互い心を開くのに時間はかかるけれど、一度絆を築くことができれば、その絆はとても深いものになる。
でも、「なんでそんなに単純なの？」と思ってしまうような人。ガツガツ踏み込んでくるように感じる人。そういう人に出会ったら、ときにはその勢いにしばらく身を任せてしまうのもいい。もしも時間が経って気が合うことを見つけられたら、その人はあなたの張りつめた気持ちを、上手にリラックスさせてくれる存在になる。
それに、楽ばかりしてるように見える人。何かをガマンしても徹底的に物事に取り組むあなたにとって、自分とはちがうなあとは思いながらも、どこか気になる、惹かれるところがあるのではないだろうか。
その人と一緒にいれば、あなたは人生のシンプルな喜びをいかに見出すか、教えてもらえるだろう。
忍耐強さはあなたのよいところだけど、でも、ガマンしすぎないで。あなたは、もっと楽していいいし、楽しんでいい。
あなたの気持ちをきっとゆるめてくれる。

STARMAP
SCORPION

24

あなたを本当に
愛してくれる人

激しい情熱とエネルギーを内に秘めている蠍座のあなた。自分の激しさを自覚するゆえ、大事な人を想うがゆえ、「めんどくさいと思われたくない」「重いと思われたくない」と微妙な距離をとってしまうこともあるかもしれない。
だけど、あなたを本当に愛してくれる人は、あなたのその激しさを必ず受け止めてくれる。あなたが勇気を出して一歩踏み込めば、あなたの心の強さ、思いの深さを真正面から受け止めてくれる。
激しさだけではない。あなたの弱さ、脆さ、痛み、心の傷……あなたが言葉にできない思いも、ちゃんと受け取ってくれる。決して、無理にこじ開けたりはせず、ゆっくりゆっくり時間をかけて。
あなたを愛してくれる人といれば、あなたは恐れる必要も、焦る必要も、疑う必要もない。それでも、その恐れ、焦り、疑いをあなたが抱いたとしても、あなたを愛してくれる人はそれすらも受け止めてくれるだろう。だから、怖がらないで信じてみよう。
あなたの心の奥底にある、とても深い思いの湖、あるいは井戸。そのなかに隠された、あなた自身もいまだ気づいていないような想いや宝物。あなたを本当に愛してくれる人は、その澄みきった想い、きれいな宝物を、見出し、大事にしてくれる。
あなたを本当に愛してくれる人と信じられたとき、そのとき、きっとあなたは本当の自分に出会うことができる。

STARMAP
SCORPION

25

別れは必ずあなたに
新しい何かを
もたらしてくれる

別れ。それは、生きていくうえで誰の身にも必ず訪れるもの。
とくに人と一体化して自分を投げ出すことのできるあなたにとって、愛する人との別れは本当につらいこと。自分の足元が崩れ去るくらいの痛みを受けるだろう。でも、別れでそれだけ衝撃を受け揺さぶられるというのは、すごい才能でもある。
マイナスの気持ちであっても、大きなエネルギーであることに変わりはない。そしてそのエネルギーは、あなたが成長するためのチャンスでもある。
何かを失うと、その悲しみから逃れるために出会いを求めて、好きでもない人と関係を持ったり、お酒におぼれたりする人もいる。あるいは、相手の心があなたから離れ、修復不可能な状態だとわかっているのに、相手を追い求めてしまったり。
だけど、あなたはどちらの方法もとるべきではない。
かといって、未練や執着を無理に捨てる必要もない。
別れの悲しみに向き合い、恋の亡骸を抱きしめながら泣き続ければいい。終わりの見えない悲しみは辛いと思うかもしれないが、終わりなんて見えなくていい。
真正面から向き合って泣き続けていれば、いつか必ず終わりは来る。そして、その先には新しい出会いがあなたを待っている。
蠍座は水の生き物である蠍をモチーフにしているが、あるときは翼を生やして天空を舞う鷲に。またあるときは蛇にたとえられ、錬金術に登場することもある。それは、あなたが変容の星に生まれたから。
でも、そんな蠍座が本当に生まれ変わるためには、それまでの自分は一度死ななければならない。一度死んで悲しみを乗り越えたあなたは、不死鳥のように何度も生まれ変われる。

STARMAP
SCORPION
WORDS

愛は自由なり。

泉鏡花　作家
1873/11/4 生まれ

「愛と婚姻」より

STARMAP
SCORPION

WORDS

不幸のさなかにあって、
私たちが互いの友情によって
どれだけ慰めを得たことでしょう。
幸せなときは、
分かち合えることで
よろこびが二倍になります。

マリー・アントワネット　フランス王妃
1755/11/2 生まれ

「妹への最後の手紙」より

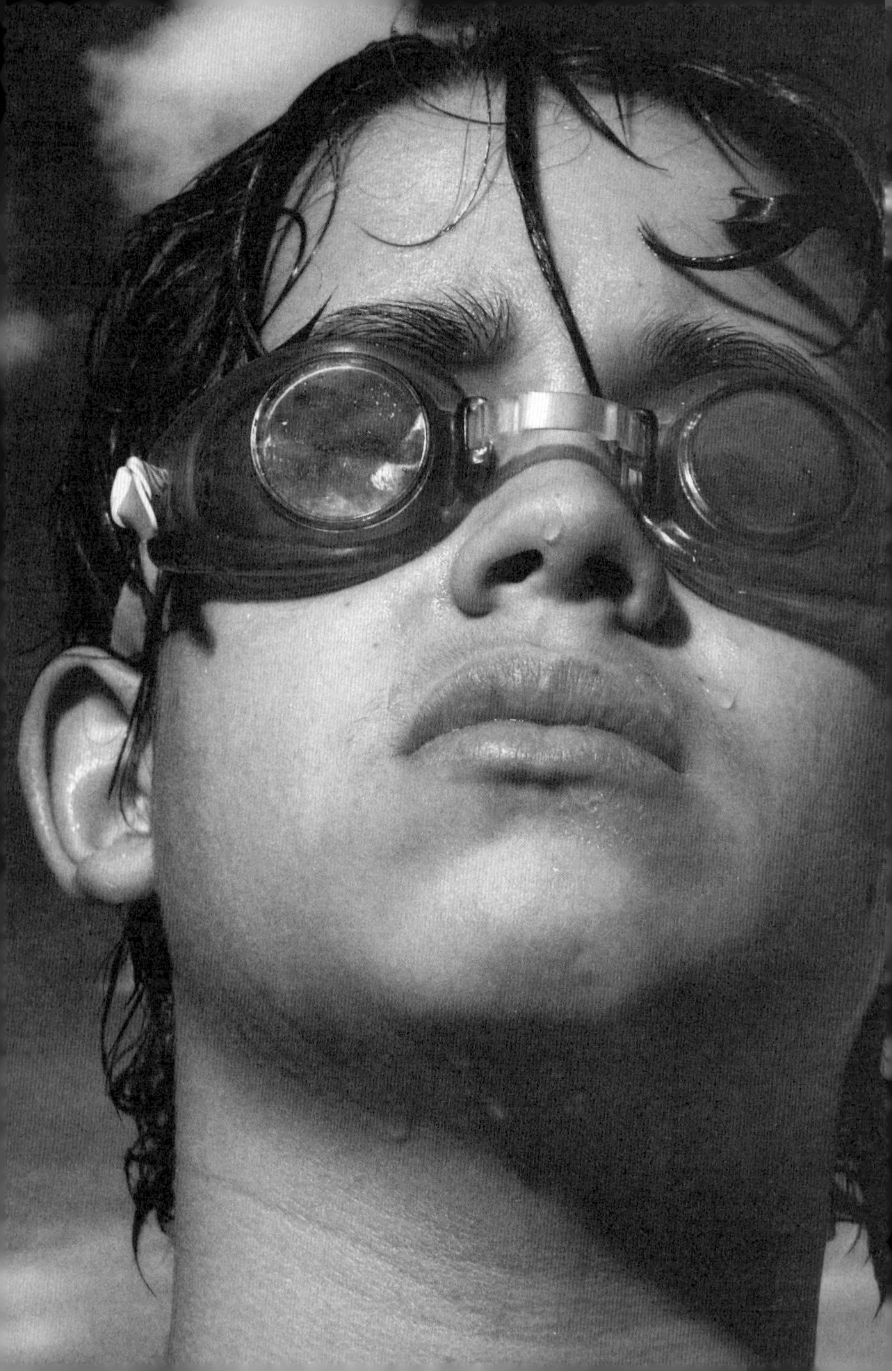

♏

STARMAP
SCORPION

あなたが
あなたらしくあるために
大切にすべきこと。

【心がけ／ルール】

自分らしさって何だろう？
誰もが、もって生まれたものがある。
でも、大人になるうちに、
本来の自分を失ってはいないか。
本来もっているはずの自分を発揮するために、
大切にするべきことは？

STARMAP
SCORPION

26

媚びずに、でも柔らかく

蠍座は、自分の中にぐらつかない芯のようなものがある。他人の意見や流行には左右されず、自分の好き嫌いをつらぬいていく。
でも、それはプライドが高いとか融通がきかないということじゃない。本当に魅力的なものに出会ったら、あなたは平気でプライドを打ちすてて、身も心も捧げることができる。
だから、今は誰にも媚びずに、自分の内側にある価値観を大事に育てていけばいい。そのためには、余計な情報をシャットアウトするのも一つの方法だろう。ケータイをもたず、ネットもやらず、ただ自分のなかでじっくり考えを練って、イメージを熟成させていく。そんな生活をしてもいい。
ただ、気をつけなければいけないのは、あなたが思っている以上に、あなたは周りから求められているということ。あなたは自分の価値観を他人に押し付けたりはしないけれど、その深さが不思議な力をもって、多くの人を惹き付けてしまう。だから、ときに、好き嫌いをつらぬくことが他人を拒否することにつながり、相手を傷つけてしまうことがある。
これからは、自分の中に柔軟なクッションをもつような感じで、周りからのメッセージを柔らかく受け止めるようにしてはどうだろう。相手の価値観をそのまま受け入れる必要はない。ただ柔らかく受け止めて、自分の価値観に取り込んでいく。そうすると、あなたはいろんな人からこれまで以上に理解されるようになるだろうし、自分が成長するきっかけもどんどん増えていくはずだ。

♏

STARMAP
SCORPION

27

自分のなかの
悪や影の部分を意識する

明るくポジティブであることばかりが求められる今の時代。でも、蠍座の特徴は人の心の明るい面だけでなく、暗い面、負の感情をきちんと意識できることだ。

「罪と罰」のドストエフスキー、「ジキル博士とハイド氏」のスティーブンソン……。蠍座の作家たちは、人間の悪を鋭くえぐりだし、すばらしい文学作品に昇華させてきた。

自分の暗い面、負の感情とどう向き合うか。蠍座の人生はそれによって大きく変わってくる。そのことがあなたの成長や幸福の鍵になってくる。

自分の中にある暗い面をみないようにしていたら、知らないうちにそれが増殖し、暴走し、最後は自分自身がその暗闇に飲み込まれてしまうかもしれない。そうではなく、影の部分を意識したらそこから逃げずに直視すること、負の感情を否定せずにそれがどこからきているのかを考えること。

自分の中のダークサイドにきちんと向き合えば、それをコントロールできるようになるし、人間全般への洞察力が増していく。それはきっと、他人に対する尊重と優しさにもつながっていくだろう。

上っ面だけの「いい人」「明るい人」でいる必要はない。むしろ自分の暗さ、悪、恨みや妬みなどの感情を大切にして、うまくつきあっていけばいい。それがあなたに深みや魅力をもたらし、人としての成熟に導いてくれる。

STARMAP
SCORPION

28

好きなことに熱中して自分のボーダーを超える

蠍座は一度本気になったことには尋常ではないほどの集中力を見せる。好きなことなら寝食を忘れて没頭できるし、どんな面倒な作業もいとわない。そして、あっという間に専門家も顔負けの深い知識や技術を身につけてしまう。
だから、あなたは好きなもの、夢中になれるものをきっかけにして、自分を成長させていくのがいい。
たとえば、本が好きなら1カ月で100冊というように大量の本を読む。絵が好きなら壁一面を覆うくらいの大きい絵の制作に挑戦する。自転車に乗るのが好きなら、日本列島を自転車で縦断する。お菓子作りが好きなら徹夜で何十種類ものケーキを焼く。
とにかく自分の大好きなことで、普通なら絶対にできないようなノルマを自分に課してみる。そうすると、スポーツ選手が「ゾーン」と呼んでいるような一種のトランス状態にはいって、自分の能力以上のことができるようになる。自分で自分のボーダーを超えていくことができる。
しかも、その効果は好きなこと以外の力や人間としての成長にもつながっていくだろう。たとえば、大量の本を読めば、本の知識だけじゃなくて理解力や集中力が飛躍的に向上するし、自転車で全国を旅すれば、いろんな人に出会ってコミュニケーションの輪がどんどん広がっていく。
そして何より、この困難なノルマを達成したという経験はあなたの中で大きな自信となるはずだ。
好きなことに没頭する力。それをばねにして前に進もう。

STARMAP
SCORPION

29

生まれ変わるために、
いろんなものに出会え

人はみな、一生の間に小さな死と再生を何度も繰り返している。蝉が脱皮をするようにそれまでの自分の殻を脱ぎ捨て、新しい自分に生まれ変わる。
蠍座はその変容がもっとも劇的な形で表れる星座だ。ある時期を境にがらりと変わって、まるで別人のように成長した姿を表す。しかも、それは必ずいい方向にあなたを導いてくれる。
では、いったいなにが変容のきっかけになるんだろう。それはやはり出会い。幾度も指摘してきたように、あなたは心揺さぶられるものに出会ったら、その相手や対象と一体化するために自分のすべてを投げ出していく。その行為が、あなたに古い殻を打ち破らせ、大きな成長をもたらすのだ。
ただ、蠍座は普段、自分の価値観を大切にし、本音をなかなか人に見せないから、変容の機会はそう多くない。生涯のうちに数回。人によってはたった一度ということもある。
でも、ほんとうのあなたはチャンスさえあればもっと変わることができる、もっと成長できる。だから、そのためにもう少し自分を開いて、もっといろんな人やものに出会おう。
出会いが増えれば、心を揺さぶられる経験もきっと増える。そして、心揺さぶられるそのたびに、あなたは古い自分を打ち破って、新しい自分に成長していくことができるはずだ。

♏

STARMAP
SCORPION

30

人とつながることで、
夢にもつながる

蠍座の究極の目的はなんだろうか。没頭できる仕事、夢中になれる趣味。もちろんそれもあなたにこのうえない充実感を与えてくれるだろう。
でも、あなたが一番に求めているのは、物や事ではなく、人との深いつながり。大好きな人、尊敬している人との身も心も溶け合うような一体感。
もしあなたが魂を焦がすような恋をしたら、仕事も趣味も、あるいはそのときに追いかけていた夢さえも捨ててしまうかもしれない。
周りの人たちはそんなあなたのことを恋愛体質だとか依存的だというだろう。でも、そんな事は気にする必要はない。
蠍座が人とつながろうとするのは、依存じゃない。新しい価値観に出会い、自分が生まれ変わるきっかけを求めているからだ。あらゆる出会いの中で、人との出会いがあなたの中にもっとも大きな化学反応をつくりだしてくれるからだ。
しかも、あなたが心を揺さぶられ、深くつながろうとしているその人は、いつか必ず同じ夢をいっしょに追いかけてくれる。あなたの心の中に隠されている宝物を一緒に探してくれる。
だから、あなたは何よりも人とのつながりを追い求めていけばいい。人と深いところでつながれば、最後は必ず夢にもたどりつける。

STARMAP
SCORPION
WORDS

一日のうち
数時間でもいから、
われを忘れるくらい、
夢中になれる時間を
持つことです。

ベアテ・シロタ・ゴードン　日本国憲法草案制定会議メンバー
1923/10/25 生まれ

「ベアテと語る『女性の幸福』と憲法」より

STARMAP
SCORPION
WORDS

もちろん
あらゆる人間の
心の中には野獣が
ひそんでいる

フョードル・ドストエフスキー　作家
1821/11/11 生まれ

「ドストエフスキーの言葉」（小沼文彦編）より

STARMAP
SCORPION

後悔なく
生きるために。

【エピローグ】

蠍座にとって生きるとはどういうことか？
あなたの未来がより輝くために、
あなたの人生がより豊かなものになるために、
蠍座が後悔なく生きてゆくために、大切なこと。

STARMAP
SCORPION

31

あなたは、
何度でも生まれ変わる

蠍座のなかに眠る力。
あなた自身も、
まだ見たことないかもしれない。
そのパワーが動き出したとき、
自分でも驚くだろう。

人生はなだらかに
つながった一本の道じゃない。
思いきってジャンプしないと
超えられない局面も訪れる。
蠍座の人生にも、
大きな変化のときが
幾度か訪れる。

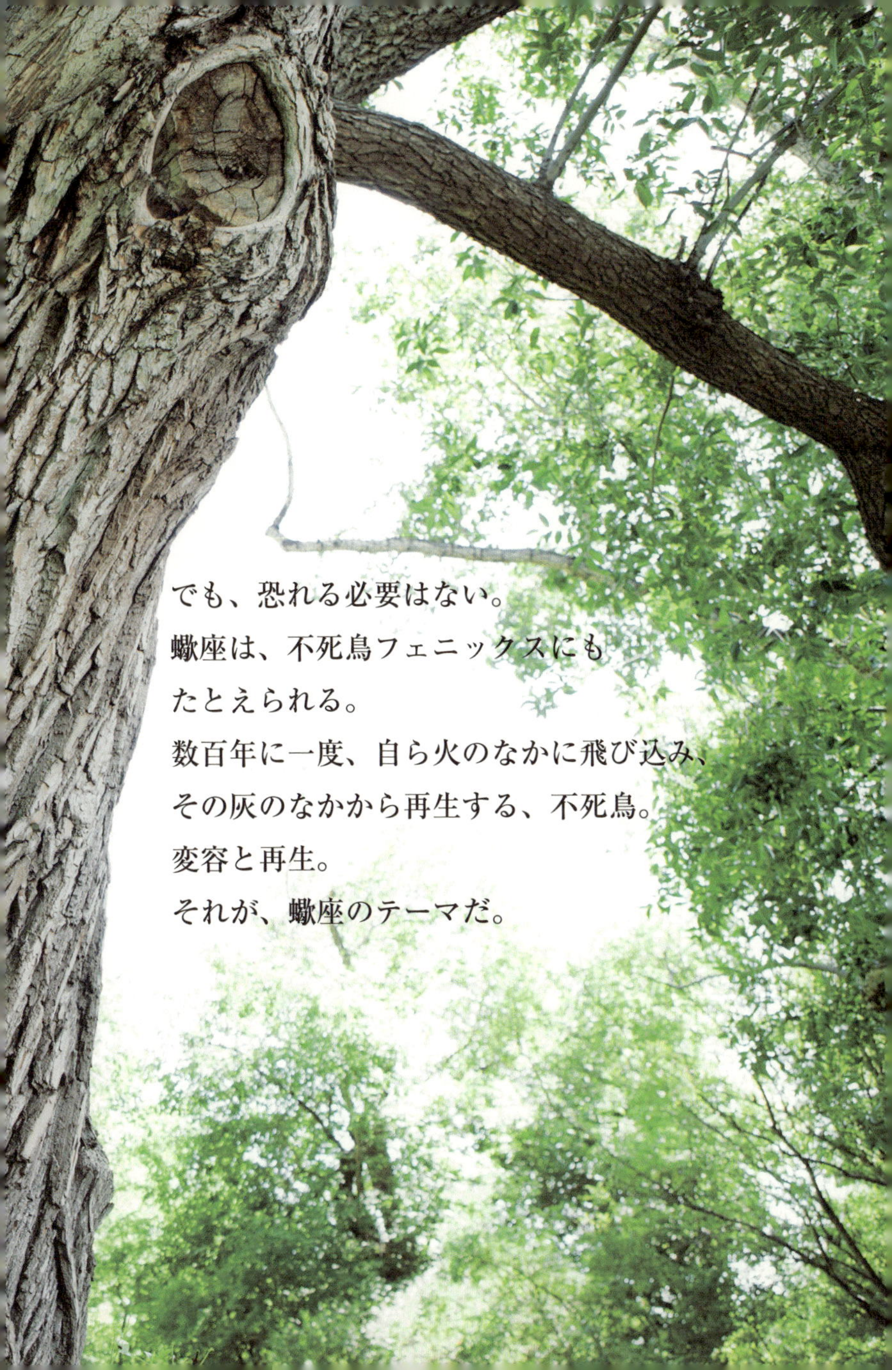

でも、恐れる必要はない。
蠍座は、不死鳥フェニックスにも
たとえられる。
数百年に一度、自ら火のなかに飛び込み、
その灰のなかから再生する、不死鳥。
変容と再生。
それが、蠍座のテーマだ。

あなたはボーダーを超えてゆける。
抗いようのない大きな波にのまれる覚悟。
必ずやり抜く意志。

そして、出会うだろう。
きのうまでの自分とちがう自分に。
古い自分を脱ぎ捨てただけじゃない、
それまでの自分を大きく飛び越えた自分に。

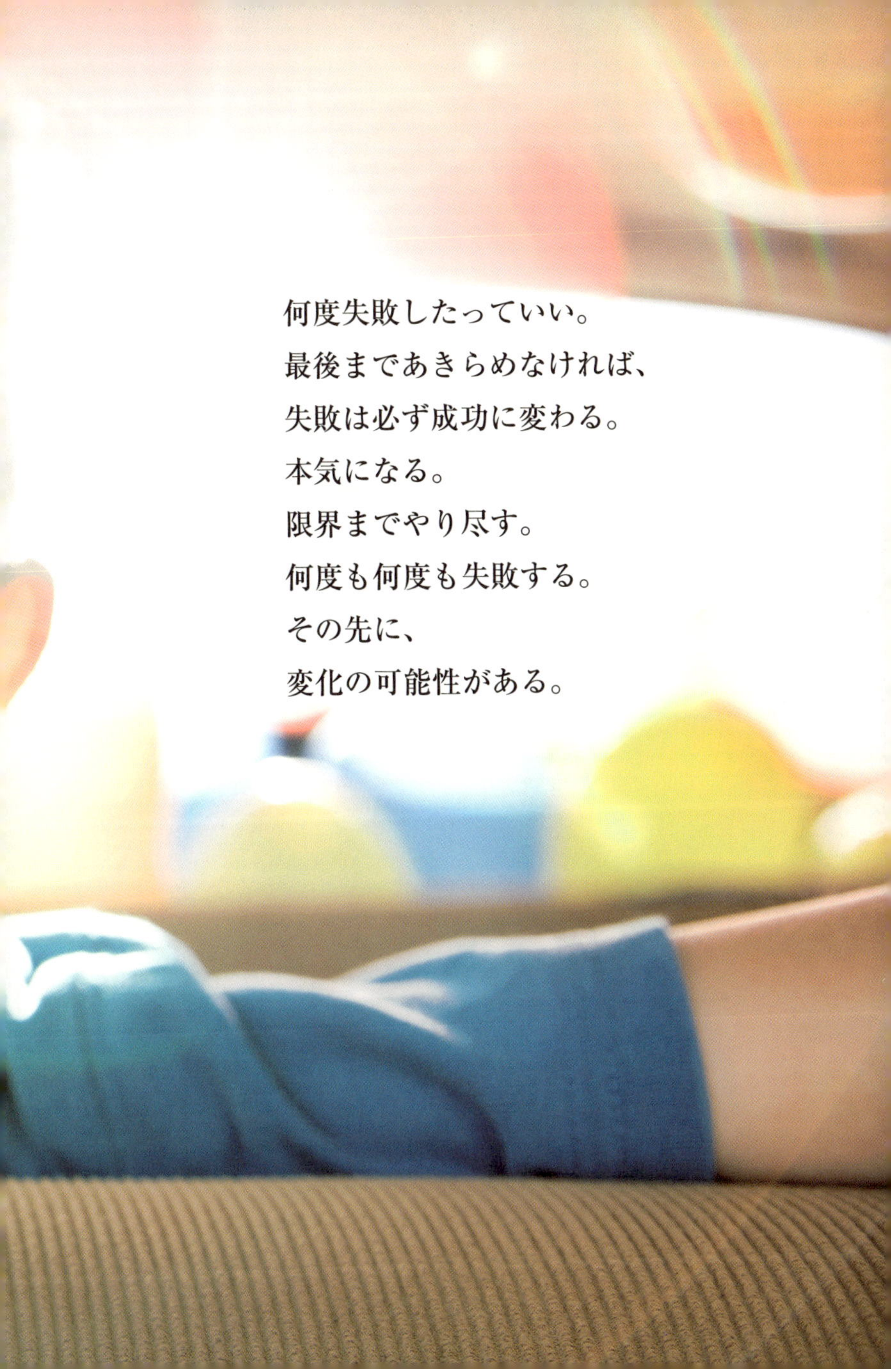

何度失敗したっていい。
最後まであきらめなければ、
失敗は必ず成功に変わる。
本気になる。
限界までやり尽す。
何度も何度も失敗する。
その先に、
変化の可能性がある。

何度でも、
あなたは生まれ変わる。
何度でも。

蠍座はこの期間に生まれました。

誕生星座というのは、生まれたときに太陽が入っていた星座のこと。
太陽が蠍座に入っていた以下の期間に生まれた人が蠍座です。
厳密には太陽の動きによって、星座の境界は年によって1〜2日変動しますので、
生まれた年の期間を確認してください。(これ以前は天秤座、これ以降は射手座です)

生まれた年	期間(日本時間)
1936	10/23 23:18〜11/22 20:24
1937	10/24 05:07〜11/23 02:15
1938	10/24 10:54〜11/23 08:05
1939	10/24 16:46〜11/23 13:57
1940	10/23 22:39〜11/22 19:48
1941	10/24 04:27〜11/23 01:37
1942	10/24 10:15〜11/23 07:29
1943	10/24 16:08〜11/23 13:20
1944	10/23 21:56〜11/22 19:07
1945	10/24 03:44〜11/23 00:54
1946	10/24 09:35〜11/23 06:45
1947	10/24 15:26〜11/23 12:37
1948	10/23 21:18〜11/22 18:28
1949	10/24 03:03〜11/23 00:15
1950	10/24 08:45〜11/23 06:02
1951	10/24 14:36〜11/23 11:50
1952	10/23 20:22〜11/22 17:35
1953	10/24 02:06〜11/22 23:21
1954	10/24 07:57〜11/23 05:13
1955	10/24 13:43〜11/23 11:00
1956	10/23 19:35〜11/22 16:49
1957	10/24 01:24〜11/22 22:38
1958	10/24 07:12〜11/23 04:28
1959	10/24 13:11〜11/23 10:26
1960	10/23 19:02〜11/22 16:18
1961	10/24 00:48〜11/22 22:07
1962	10/24 06:40〜11/23 04:01
1963	10/24 12:29〜11/23 09:49
1964	10/23 18:21〜11/22 15:38
1965	10/24 00:10〜11/22 21:28
1966	10/24 05:51〜11/23 03:13
1967	10/24 11:44〜11/23 09:04
1968	10/23 17:30〜11/22 14:48
1969	10/23 23:12〜11/22 20:30
1970	10/24 05:05〜11/23 02:24
1971	10/24 10:54〜11/23 08:13
1972	10/23 16:42〜11/22 14:02
1973	10/23 22:31〜11/22 19:53
1974	10/24 04:11〜11/23 01:38
1975	10/24 10:07〜11/23 07:30

生まれた年	期間(日本時間)
1976	10/23 15:59〜11/22 13:21
1977	10/23 21:41〜11/22 19:07
1978	10/24 03:38〜11/23 01:04
1979	10/24 09:28〜11/23 06:54
1980	10/23 15:18〜11/22 12:41
1981	10/23 21:13〜11/22 18:36
1982	10/24 02:58〜11/23 00:23
1983	10/24 08:55〜11/23 06:18
1984	10/23 14:46〜11/22 12:10
1985	10/23 20:23〜11/22 17:50
1986	10/24 02:15〜11/22 23:44
1987	10/24 08:02〜11/23 05:29
1988	10/23 13:45〜11/22 11:12
1989	10/23 19:36〜11/22 17:04
1990	10/24 01:15〜11/22 22:47
1991	10/24 07:06〜11/23 04:35
1992	10/23 12:58〜11/22 10:26
1993	10/23 18:38〜11/22 16:07
1994	10/24 00:37〜11/22 22:06
1995	10/24 06:32〜11/23 04:01
1996	10/23 12:20〜11/22 09:49
1997	10/23 18:16〜11/22 15:47
1998	10/24 00:00〜11/22 21:34
1999	10/24 05:53〜11/23 03:25
2000	10/23 11:48〜11/22 09:19
2001	10/23 17:27〜11/22 15:00
2002	10/23 23:19〜11/22 20:54
2003	10/24 05:09〜11/23 02:43
2004	10/23 10:50〜11/22 08:22
2005	10/23 16:43〜11/22 14:15
2006	10/23 22:26〜11/22 20:01
2007	10/24 04:15〜11/23 01:49
2008	10/23 10:09〜11/22 07:43
2009	10/23 15:43〜11/22 13:21
2010	10/23 21:35〜11/22 19:13
2011	10/24 03:30〜11/23 01:07
2012	10/23 09:13〜11/22 06:49
2013	10/23 15:10〜11/22 12:47
2014	10/23 20:57〜11/22 18:37
2015	10/24 02:47〜11/23 00:24

著者プロフィール

鏡リュウジ

Ryuji Kagami

1968 年、京都生まれ。
心理占星術研究家・翻訳家。国際基督教大学卒業、同大学院修士課程修了（比較文化）。
高校時代より、星占い記事を執筆するなど活躍。心理学的アプローチをまじえた占星術を日本で紹介することによって、占いマニア以外の人にも幅広くアピールすることに成功。占星術の第一人者としての地位を確たるものとし、一般女性誌の占い特集では欠くことのできない存在となる。また、大学で教鞭をとるなど、アカデミックな世界での占星術の紹介にも積極的。
英国占星術協会会員、英国職業占星術協会会員、日本トランスパーソナル学会理事、平安女学院大学客員教授などを務める。

STARMAP
SCORPION

蠍座の君へ

2013年9月25日　初版第1刷発行

著者　鏡リュウジ

写真　corbis/amana images
デザイン　井上新八
構成　ホシヨミ文庫

発行者　鶴巻謙介
発行・発売　サンクチュアリ出版
〒151-0051
東京都渋谷区千駄ヶ谷2-38-1
TEL　03-5775-5192　　FAX　03-5775-5193
URL　http://www.sanctuarybooks.jp/
E-mail　info@sanctuarybooks.jp

印刷・製本　萩原印刷株式会社